RECEN POR MÍ:

PAPA FRANCISCO

EN SUS PROPIAS PALABRAS

RECEN POR MÍ:

PAPA FRANCISCO

EN SUS PROPIAS PALABRAS

JULIE SCHWIETERT COLLAZO

Y

LISA ROGAK

(Compilación)

AGUILAR

AGUILAR

Recen por mí: Papa Francisco en sus propias palabras
D. R. © 2013 (por la compilación) Julie Schwietert Collazo y Lisa Rogak
Título original: *Pope Francis in his own words*
Publicado por acuerdo con Mendei Media Group LLC de Nueva York

D. R. © De esta edición:
D. R. © Santillana Ediciones Generales, S. A. de C. V., 2013.
　　　Av. Río Mixcoac No. 274, Col. Acacias
　　　C. P. 03240, México, D. F.
　　　Teléfono (52 55) 54 20 75 30

Primera edición: junio de 2013
ISBN: 978-607-11-2640-5

Diseño de cubierta: Jesús Manuel Guedea Cordero
Foto de cubierta: Getty Images

Impreso en México

PRISA EDICIONES

"Me voy con ellos en el autobús."
Lo que el recientemente electo Papa le dijo a su chofer y guardia de seguridad de su limosina después de la introducción inicial al público de Roma.

Introducción

Con la elección del cardenal argentino Jorge Mario Bergoglio como nuevo Papa de la Iglesia católica, en marzo de 2013, la atención del mundo ha girado no sólo hacia lo que hará como Papa, sino también cómo ha vivido y predicado en el pasado. Hasta ahora, queda claro que, comparado con sus antecesores, el nuevo Papa ha mantenido una vida humilde y poco convencional. Por ejemplo, en vez de esperar a que la gente lo llame "su eminencia", él prefiere que lo llamen "Padre Jorge".

Entre las primeras fotografías publicadas en la prensa internacional, después de que el Vaticano presentó al nuevo Papa a los devotos, hubo muchas que revelaron la humildad del Papa y confirmaron su deseo de servir a los pobres. Una foto lo mostró de rodillas, lavándole los pies a una mujer; otros reportes mencionaron que ha desempeñado el mismo acto en algunos pacientes con SIDA. Es difícil imaginar a uno de sus predecesores realizando las mismas acciones.

Su humildad y su deseo de acercar al pueblo a su nivel (no importa si son católicos o no) queda claro, y con eso ya ha logrado un gran número de admiradores. A él le gusta bromear, no evita llamarle la atención a los líderes de su país sobre sus fallas, y rechaza los choferes y el transporte extravagante para, de esa manera, acercarse más a la gente. Numerosos reportes han confirmado que demuestra una gran compasión hacia los que han sido excluidos o aislados por sus iglesias.

A la vez, demuestra que es una persona auténtica, con deseos humanos que le satisfacen... bueno, aunque sean unos cuantos.

¿Cuándo fue la última vez que un Papa admitió ser fanático del tango y que ha prometido lealtad de por vida a un equipo de futbol de Buenos Aires?

También hace lo que predica, lo cual le ha ganado respeto y admiración alrededor del mundo. Durante su titularidad como cardenal en Buenos Aires, Bergoglio rehusó la tradición de vivir en el lujoso palacio que ocuparon sus predecesores. Optó por un apartamento muy sencillo, de una sola recámara, donde se preparaba su propia cena y tomaba el autobús para ir al trabajo. Y convenció a la arquidiócesis de permitir a un grupo de misioneros pobres vivir en la residencia oficial.

Cuando se reunió el cónclave en marzo de 2013 para elegir un nuevo Papa, la Iglesia católica efectivamente sentó tres precedentes cuando escogieron a Jorge Mario Bergoglio como Sumo Pontífice.

En primer lugar, es el primer jesuita elegido para el oficio de Papa. Los jesuitas tienen la reputación de ser una de las órdenes más rebeldes dentro de la Iglesia católica. Muchas veces se han enfrentado directamente con la doctrina tradicional de la Iglesia. A la vez, son conocidos por su rigor intelectual. De hecho, el Papa ha publicado algunos libros, además de un sinfín de homilías, cartas y documentos.

Segundo, es el primer Papa del continente americano; de hecho, es el primero de América Latina, región que cuenta con el mayor porcentaje de católicos en el mundo: alrededor de 40 por ciento.

Y en tercero, es el primer pontífice que elige el nombre "Francisco", en honor a San Francisco de Asís, un italiano que entregó su vida a los pobres y formó la orden religiosa de los franciscanos.

Para los católicos, acostumbrados a un Papa recto y autoritario, como Benedicto, la decisión del cónclave de elegir a Jorge Mario Bergoglio es alentadora y reconfortante, pues les recuerda los días de Juan Pablo II. Como es un líder mundial, al mismo nivel que los presidentes y ministros de cualquier país, no queda duda de que los demás líderes ya hacen fila para tener audiencia con él.

En muy poco tiempo, el Papa Francisco ha ejercido un impacto indeleble en los católicos, haciéndolos sentir optimistas sobre su fe y sus vidas.

La mejor manera para los católicos y otros creyentes, curiosos por saber sobre el nuevo Papa y conocerlo, sería leer sus propios textos. Ha escrito numerosos libros y una cantidad inmensa de cartas y homilías, y nos ha regalado un sinnúmero de entrevistas. *Recen por mí: Papa Francisco en sus propias palabras*, permitirá al lector hacer justamente eso. Con su visión, pensamiento e ideas condensadas de manera limpia y concisa, podrán medir y entender la profundidad de los pensamientos del Padre Jorge, sin importar cuál sea su fe.

EN SUS PROPIAS PALABRAS

SOBRE AMÉRICA LATINA

La Iglesia es muy consciente de que lo más barato en América
Latina, lo que se vende al menor precio, es la vida.
LifeSiteNews.com, 5 de octubre de 2007

América Latina experimenta, como el resto del mundo, una
transformación cultural...
Cultura y Religiosidad Popular Como Inculturación de la Fe.
19 de enero de 2008

SOBRE EL AMOR

Amar es muchísimo más que sentir de vez en cuando una ternura o
una emoción. ¡Es todo un desafío a la creatividad!
Mensaje a las Comunidades Educativas. 27 de abril de 2006

Es que yo no sé amar padre. Ninguno sabe amar,
aprendemos todos los días.
Misa por la Educación. 21 de abril de 2004

SOBRE ARGENTINA Y LOS ARGENTINOS

¿Es verdad que los argentinos no queremos dialogar? No lo diría así.
Más bien pienso que sucumbimos víctimas de actitudes que no nos
permiten dialogar: la prepotencia, no saber escuchar, la crispación
del lenguaje comunicativo, la descalificación previa y tantas otras.
Sobre el Cielo y la Tierra, 2010

Nuestra dolorosa historia política ha pretendido muchas veces este
acallamiento. El uso de eufemismos verbales muchas veces nos ha

anestesiado o adormecido frente a ella...

Mensaje del señor Arzobispo en la Misa por la Educación.
23 de abril de 2008

La Argentina llegó al momento de una decisión crítica: la decisión de seguir siendo un país, aprender de la experiencia dolorosa de estos años e iniciar un camino nuevo, o hundirse en la miseria, el caos, la pérdida de valores y la descomposición como sociedad.

Mensaje del Arzobispo de Buenos Aires
a las Comunidades Educativas. Marzo de 2002

Me atrevo todavía a insistir: los argentinos llevamos una larga historia de intolerancias mutuas.

Misa por la Educación. 6 de abril de 2005

Nosotros vivimos en la parte más desigual del mundo, la que ha crecido más; sin embargo, la que menos ha reducido la miseria. La injusta distribución de los bienes persiste, creando una situación de pecado social que grita al cielo, y limita las posibilidades de una vida llena para muchos de nuestros hermanos.

Washington Post. 13 de marzo de 2013

SOBRE ARTE Y ARTISTAS

Los artistas saben bien que la belleza no sólo es consoladora, también puede ser inquietante. Los grandes genios han sabido presentar con belleza las realidades más trágicas y dolorosas de la condición humana.

Disertación del señor Arzobispo en ADEPA. 6 de abril de 2006

La Argentina ha brindado al mundo escritores y artistas de calidad...
en todo tipo de géneros, desde los más tradicionales hasta los que
expresan la mirada de las generaciones más jóvenes, ¡expresan lo
que somos y lo que queremos ser!

Mensaje del Arzobispo a las Comunidades Educativas. Abril de 2006

La Crucifixión Blanca de Marc Chagall es mi pintura favorita.

El Jesuita: Conversaciónes con el Cardenal Jorge Bergoglio, S. J., 2010

SOBRE LAS ASPIRACIONES

Nadie puede llegar a ser grande si no asume su pequeñez.

Homilía del señor Arzobispo en el Te Deum del 25 de mayo.

25 de mayo de 2006

SOBRE LOS ATEOS

[Al ateo] no le diría que su vida está condenada porque estoy
convencido de que no tengo derecho a hacer un juicio
sobre la honestidad de esa persona.

Sobre el Cielo y la Tierra, 2010

No todos los presentes pertenecen a la fe católica, y hay otros que
no creen. Yo respeto la conciencia de cada uno de ustedes. Sé que
cada uno de ustedes es un hijo de Dios. Que Dios los bendiga.

Rueda de Prensa en el Vaticano. 16 de marzo de 2013

Conozco más gente agnóstica que atea, el primero es más
dubitativo, el segundo está convencido.
Sobre el Cielo y la Tierra, 2010

SOBRE LA AYUDA A LOS POBRES

El gran peligro —o la gran tentación— en la asistencia a los pobres
reside en caer en el paternalismo protector, que
en última instancia no los deja crecer.
Sobre el Cielo y la Tierra, 2010

SOBRE EL BAUTISMO DE LOS NIÑOS DE PADRES Y MADRES SOLTERO(A)S

Los niños no tienen absolutamente ninguna responsabilidad por
el estado matrimonial de sus padres. Y muchas veces el bautismo
puede ser un nuevo comienzo para los padres también.
Hindustan Times. 14 de marzo de 2013

En nuestra región eclesial, hay sacerdotes que no bautizan a
los niños de madres solteras, supuestamente porque no fueron
concebidos bajo la santidad del matrimonio. Éstos son los hipócritas
de hoy. Ellos son los que hacían la clericalización de la Iglesia. Éstos
son los que separan al pueblo de Dios de la salvación. Y esta pobre
madre que en vez de regresar a su criatura al que la envió, tiene el
coraje de traerla al mundo, y vagar de parroquia
en parroquia hasta que su criatura sea bautizada.
New York Daily News. 14 de marzo de 2013

SOBRE LA BELLEZA

Pocas cosas hay más conmovedoramente humanas que
la necesidad de belleza que tienen los corazones.

Disertación del señor Arzobispo en ADEPA. 6 de abril de 2006

Porque es humana, a veces la belleza es trágica, sorprendente,
conmovedora; en algunas ocasiones nos empuja a pensar en lo que
no queremos o nos muestra el error en el que estamos.

Disertación del señor Arzobispo en ADEPA. 6 de abril de 2006

SOBRE LAS BODAS OSTENTOSAS

En algunas iglesias —y no sé cómo remediarlo, sinceramente— en
los casamientos aparece una competencia feroz entre las madrinas
y la novia... Esas señoras no realizan ningún acto religioso, van a
lucirse. Y a mí eso me pesa en la conciencia, como pastor lo permito
y no encuentro cómo ponerle freno.

Sobre el Cielo y la Tierra, 2010

SOBRE LAS BUENAS INTENCIONES

Como si lo único importante fuera la intención... y se descuidan
las mediaciones adecuadas. Esto no basta; no basta para nuestros
hermanos más necesitados, víctimas de la injusticia y la exclusión,
a quienes "el interior de nuestro corazón" no los ayuda en su
necesidad. Ni tampoco basta para nosotros mismos...

Mensaje del Arzobispo de Buenos Aires
a las Comunidades Educativas. Marzo de 2004

SOBRE BUENOS AIRES

Ciudad distraída, ciudad dispersa, ciudad egoísta: llora. Te hace falta ser purificada por las lágrimas... Que purifique con el llanto a esta ciudad tan casquivana y superficial.

Homilía del Arzobispo de Buenos Aires, en Ocasión de la Misa Por el Primer Aniversario de la Tragedia de Cromagnon. 30 de diciembre de 2005

Para muchos, Buenos Aires es una fábrica de esclavos... una moledora de carne la cual destruye sus vidas, les rompe la voluntad y los priva de sus libertades.

Vatican Insider. 15 de diciembre de 2011

Esta ciudad no sabe cómo llorar. Todo se arregla con anestésicos... Virtualmente todos ellos se están ganando el pan diario. ¡Con dignidad! Padre, no nos deje caer en la idea de que para ganar nuestro pan diario, tenemos que viajar como ganado.

The Guardian (Gran Bretaña). 16 de marzo de 2013

En las escuelas ellos nos enseñan que la esclavitud se ha abolido, ¿pero sabes qué? ¡Eso es un cuento de hadas! Porque en Buenos Aires, la esclavitud es muy común en varias formas. En esta ciudad los trabajadores son explotados en talleres clandestinos, si ellos son inmigrantes, los previenen que se vayan; y en esta ciudad hay niños quienes han estado viviendo en las calles por años. En esta ciudad las mujeres son raptadas, y sometidas al uso y al abuso de sus cuerpos, destruyéndoles su dignidad. Hay hombres que abusan y hacen dinero de la carne humana. ¡Los perros son tratados mejor que estos esclavos de nosotros! ¡Démosles una patada! ¡Deshagámonos de ellos!

The Guardian (Gran Bretaña). 14 de marzo de 2013

¡Qué lindo es caminar así [despacito, sintiendo la presencia de los demás, cantando, mirando a los de delante, mirando al cielo, rezando por los que no están] por Buenos Aires!

Homilía del señor Arzobispo en la Solemnidad
de Corpus Christi. 24 de mayo de 2008

Cuando rezo por la ciudad de Buenos Aires agradezco el hecho de que sea la ciudad en que nací.

Palabras Iniciales del señor Arzobispo en el Primer Congreso
Regional de Pastoral Urbana. 25 de agosto de 2011

SOBRE LOS CARDENALES

El cardenalato es un servicio, no es un premio para jactarse.

America Magazine. 13 de marzo de 2013

Los cardenales no son representativos de una ONG, sino siervos del Señor, inspirados por el Espíritu Santo, el cual es quien realmente puede diferenciar los carismas, uniendo la Iglesia. Un cardenal debe diferenciar el carisma, a la vez que dirije su mirada hacia la unidad, tiene presente que el creador de la diferencia y la unidad es el Espíritu Santo. Los cardenales que no tengan esta disposición mental, a mi entender, no son cardenales de la manera en que a Benedicto XVI le hubiera gustado que fueran.

Vatican Insider. 24 de febrero de 2012

SOBRE LOS CATEQUISTAS

Yo quisiera que entre ustedes no haya lugar para momias apostólicas, ¡por favor, no!, vayan a un museo que van a lucir mejor.

Palabras del señor Arzobispo al comienzo
del Encuentro Arquidiocesano de Catequesis.
12 de marzo de 2005

SOBRE EL CHISME

¿Qué es el chisme? Es una verdad sacada de contexto.
El Jesuita: Conversaciones con el Cardenal Jorge Bergoglio, S. J., 2010

SOBRE LA CIUDADANÍA

La sociedad política solamente perdura si se plantea como una
vocación para satisfacer las necesidades humanas en común. Es el
lugar del ciudadano.
Dejar la nostalgia y el pesimismo y dar lugar a nuestra sed de encuentro.
25 de mayo de 1999

Somos personas históricas. Vivimos en el tiempo y el espacio.
Cada generación necesita de las anteriores y se debe a las que la
siguen. Y eso, en gran medida, es ser una Nación: entenderse como
continuadores de la tarea de otros hombres y mujeres
que ya dieron lo suyo...
Mensaje del Arzobispo de Buenos Aires a las Comunidades Educativas.
Marzo de 2002

No tenemos que esperar todo de los que nos gobiernan:
sería infantil...
Homilía del señor Arzobispo en el Te Deum.
25 de mayo de 2003

Las personas son sujetos históricos, es decir ciudadanos e integrantes
de un pueblo. El Estado y la sociedad deben generar las condiciones
sociales que promuevan y tutelen sus derechos y les permitan
ser constructores de su propio destino.

Conferencia del señor Arzobispo en la XIII Jornada Arquidiocesana
de Pastoral Social. 16 de octubre de 2010

SOBRE LAS CIUDADES

Toda gran ciudad tiene muchas riquezas, muchas posibilidades,
pero también son muchos los peligros.

Palabras del señor Arzobispo al comienzo del Encuentro Arquidiocesano de
Catequesis. 12 de marzo de 2005

La ciudad también es madre.

Homilía del Arzobispo de Buenos Aires, en Ocasión de la Misa por el Primer
Aniversario de la Tragedia de Cromagnon. 30 de diciembre de 2005

SOBRE LA CIVILIZACIÓN

Es posible construir una nueva civilización centrada
en el amor y en la vida.

Disertación de clausura del señor Arzobispo en el congreso
sobre la *Veritatis Splendor.* 25 de septiembre de 2004

SOBRE EL CÓNCLAVE

El periodo del cónclave estuvo lleno de significados, no solamente
para el Colegio de los Cardenales, también para todos

los creyentes. En esos días nos sentimos casi tangibles, el afecto
y la solidaridad de una Iglesia universal, tanto como
la atención de muchas personas aun sin compartir
nuestra fe, miraban a la Iglesia y a lo Sagrado
con respeto y admiración.

Dirigiéndose a los Cardenales, *The Vatican Today*. 15 de marzo de 2013

SOBRE LA CONVERSACIÓN

¿Sería posible que estuviéramos más atentos a lo que decimos
de más y a lo que decimos de menos...?

Mensaje del Arzobispo de Buenos Aires
a las Comunidades Educativas. Marzo de 2002

Para dialogar, hay que saber bajar las defensas, abrir las puertas
de casa, y ofrecer calidez humana.

Sobre el Cielo y la Tierra, 2010

Un verdadero crecimiento en la conciencia de la humanidad no
puede fundarse en otra cosa que en la práctica del diálogo y el amor.

Mensaje del Arzobispo de Buenos Aires
a las Comunidades Educativas. Marzo de 2002

SOBRE LA CRISTIANDAD

En la vida de todo cristiano, de todo discípulo, de todo catequista,
no puede faltar la experiencia del desierto, de la purificación
interior, de la noche oscura...

Encuentro Arquidiocesano de Catequesis. 11 de marzo de 2006

La verdad cristiana es atractiva y persuasiva porque ella responde a lo más profundo de la necesidad de la existencia humana, anunciando muy convencida que Cristo es el único Salvador de todo cuerpo y de todas las personas. Este anuncio es tan válido hoy como lo fue en el comienzo de la Cristiandad donde había una gran expansión de misioneros del Evangelio.

Dirigiéndose a los Cardenales, *The Vatican Today.* 15 de marzo de 2013

La vida cristiana es siempre un caminar en la presencia de Dios, pero no está exenta de luchas y pruebas...

Encuentro Arquidiocesano de Catequesis. 11 de marzo de 2006

La vida cristiana es dar testimonio con alegría, como lo hacía Jesús.

El Jesuita: Conversaciones con el Cardenal Jorge Bergoglio, S. J., 2010

SOBRE LA CREATIVIDAD

De esta manera el desafío de ser creativos nos exige sospechar de todo discurso, pensamiento, afirmación o propuesta que se presente como "el único camino posible". Siempre hay más.
Siempre hay otra posibilidad.

Mensaje del Cardenal Jorge Mario Bergoglio, S. J., Arzobispo de Buenos Aires, a las Comunidades Educativas. 9 de abril de 2003

Si siempre, para construir, tendemos a voltear y pisotear lo que otros han hecho antes, ¿cómo vamos a fundar algo sólido?

Mensaje del Cardenal Jorge Mario Bergoglio, S. J., Arzobispo de Buenos Aires, a las Comunidades Educativas. 9 de abril de 2003

SOBRE LA CRÍTICA DE LOS LÍDERES ARGENTINOS

En vez de prevenirlas, parece que han optado
por hacer aún mayores las desigualdades.
The Guardian (Gran Bretaña). 13 de marzo de 2013

SOBRE LOS CURAS PEDÓFILOS

El problema no está vinculado con el celibato. Si un cura es
pedófilo, lo es antes de ser cura. Ahora, cuando eso ocurre, jamás
hay que hacerse de la vista gorda. No se puede estar dentro de una
posición de poder y destruirle la vida a otra persona.
Sobre el Cielo y la Tierra, 2010

Esa solución creo que se propuso alguna vez en los Estados Unidos:
cambiar a los curas de parroquia. Eso es una estupidez pues el cura
se lleva el problema en la mochila.
Sobre el Cielo y la Tierra, 2010

SOBRE LA CURIA ROMANA

Yo la veo como un cuerpo que da servicio, un cuerpo que a mí me
ayuda y a mí me sirve. La Curia Romana tiene sus limitaciones, sin
embargo, creo que han puesto demasiado énfasis en sus aspectos
negativos y no han puesto énfasis suficiente en su santidad y las
numerosas personas consagradas y laicas que trabajan en ella.
Vatican Insider. 24 de febrero de 2012

SOBRE LOS DEFECTOS DE CARÁCTER

¿No es acaso la inseguridad veleidosa y mediocre lo que nos hace
construir murallas ya sea de riqueza o poder,
de violencia e impunidad?
Homilía del señor Arzobispo en el Te Deum del 25 de mayo.
25 de mayo de 2011

Me causó asombro y perplejidad preguntarle a un conocido
cómo estaba y que me respondiera: "Mal pero acostumbrado."
Mensaje Cuaresmal del señor Arzobispo. 22 de febrero de 2012

SOBRE LA DEMOCRACIA

Por supuesto que participar de la vida política
es una manera de honrar la democracia.
Sobre el Cielo y la Tierra, 2010

SOBRE EL DEMONIO

El Demonio es, teológicamente, un ser que optó
por no aceptar el plan de Dios.
Sobre el Cielo y la Tierra, 2010

Quienes no rezan a Jesucristo, le están rezando al diablo.
Vatican Insider, 13 de marzo de 2013

En la experiencia personal, lo siento [al Diablo] cada vez que soy
tentado a hacer algo que no es lo que Dios me pide.
Sobre el Cielo y la Tierra, 2010

SOBRE LOS DERECHOS HUMANOS

Los derechos humanos no sólo son violados por el terrorismo,
la represión o el asesinato, también por las injustas estructuras
económicas que crean esas tremendas desigualdades.

The Guardian (Gran Bretaña). 13 de marzo de 2013

SOBRE LA DESIGUALDAD

Tú debes estar indignado contra la justicia cuando
nadie tiene pan ni trabajo... En este mundo hay muchas
personas que sólo buscan su bienestar personal...
Y qué curioso es ver, que quienes sólo ven por ellos,
y no por el bienestar común, son los que justamente van
maldiciendo a las personas y a las cosas.

The Guardian (Gran Bretaña).16 de marzo de 2013

SOBRE LA DESIGUALDAD DE BIENES

Los pobres son perseguidos por demandar trabajo, y a las personas
ricas se les aplaude por escapar de la justicia.

BBC News. 8 agosto 2001

SOBRE DECIR ADIÓS

Recen por mí.

Huffington Post. 13 de marzo de 2013

SOBRE LA DIGNIDAD

Ni una sola violación a la dignidad de una mujer o de un hombre
puede justificarse en nombre de ninguna cosa o idea.
Mensaje del Arzobispo de Buenos Aires, Cardenal Jorge Mario Bergoglio, a las
Comunidades Educativas. 18 de abril de 2007

En cambio cuando una persona o un pueblo vende su dignidad,
o la negocia, o permite que sea menoscabada, todo lo demás
pierde consistencia, deja de tener valor.
Homilía del señor Arzobispo en la Fiesta de San Cayetano.
7 de agosto de 2007

SOBRE EL DINERO

La medida de cada ser humano es Dios, no el dinero.
Mensaje del Arzobispo de Buenos Aires, Cardenal Jorge Mario Bergoglio,
a las Comunidades Educativas. 18 de abril de 2007

SOBRE DIOS

Cuando alguien es autosuficiente, cuando tiene todas las respuestas
a todas las preguntas, es una prueba de que Dios no está con él.
Sobre el Cielo y la Tierra, 2010

Lo que más le importa a Dios es que seamos sus amigos.
Misa Crismal. 17 de abril de 2003

Podríamos decir sin ser irreverentes: no hay
nadie más "ineficiente" que Dios.

Mensaje del Arzobispo de Buenos Aires a las Comunidades Educativas.
Marzo de 2004

Él no es como los ídolos, que tienen oídos pero no escuchan. No es
como los poderosos, que escuchan lo que les conviene. Él escucha
todo... Y no sólo escucha, él ama escuchar.

Homilía del señor Arzobispo en la Fiesta de San Cayetano. 7 de agosto de 2006

Dios no es una especie de Andreani [un servicio de entrega rápida en
Argentina], que envía mensajes todo el tiempo.

Sobre el Cielo y la Tierra, 2010

El Dios vivo es el que verá con sus ojos, dentro de su corazón.

Sobre el Cielo y la Tierra, 2010

SOBRE LA DIVERSIDAD RELIGIOSA

Además, los grandes movimientos migratorios de nuestro mundo y
la realidad de una diversidad religiosa, particularmente proveniente
de Oriente, plantean a la evangelización el delicado desafío del
encuentro entre culturas diferentes y el diálogo interreligioso.

Disertación de clausura del señor Arzobispo en el Congreso
sobre la *Veritatis Splendor.* 25 de septiembre de 2004

Reconocer, aceptar y convivir con todas las formas de
pensar y de ser no implica renunciar a las propias creencias.

Mensaje del Arzobispo a las Comunidades Educativas. 2006

SOBRE LAS DROGAS

El alcohol y las drogas son un escape demasiado fácil.
The Guardian (Gran Bretaña). 16 de marzo de 2013

SOBRE LAS DUDAS

Los grandes dirigentes del pueblo de Dios fueron
hombres que dejaron lugar a la duda.
Sobre el Cielo y la Tierra, 2010

SOBRE LA EDUCACIÓN

La educación es una genuina expresión de amor social.
Mensaje a las Comunidades Educativas. 27 de abril de 2006

SOBRE EL ELITISMO

La impaciencia de las élites ilustradas no entiende el laborioso y
cotidiano caminar de un pueblo, ni comprende el mensaje del sabio.
Homilía del señor Arzobispo en el Te Deum. 25 de mayo de 2004

SOBRE EL ÉNFASIS DE LA IGLESIA EN EL SUFRIMIENTO

Es cierto que en algún momento, se exageró la cuestión
del sufrimiento... La exaltación del sufrimiento en la

Iglesia depende mucho de la época
y de la cultura.

El Jesuita: conversaciones con el Cardenal Jorge Bergoglio, S. J., 2010

SOBRE LOS ESCÁNDALOS DE LA IGLESIA

Mirad a la Iglesia, tan sagrada y tan pecadora como es; véanse sus defectos y sus pecados sin perder de vista la santidad de las personas que hoy trabajan por ella.

Vatican Insider. 24 de febrero de 2012

SOBRE EL ESCUCHAR

No siempre es fácil escuchar. A veces es más cómodo hacerse el sordo, ponerse los walkman para no escuchar a nadie. Con facilidad suplantamos la escucha por el mail, el mensajito, y el "chateo", y así nos privamos de escuchar la realidad de rostros, miradas y abrazos.

El verdadero poder es el servicio, 2007

Cuántos problemas se nos ahorrarían en la vida
si aprendiéramos a escuchar...

Homilía del señor Arzobispo de Buenos Aires, Cardenal Jorge Mario Bergoglio, S. J., con Motivo de la XXXIV Peregrinación Juvenil a Pie a Luján. 5 de octubre de 2008

Escuchar es también capacidad
de compartir preguntas y búsquedas...

El verdadero poder es el servicio. 2007

SOBRE LAS ESCUELAS

Nuestras escuelas deberían ser un espacio donde nuestros niños
y jóvenes pudieran tomar contacto con la vitalidad
de nuestra historia.

Mensaje del Cardenal Jorge Mario Bergoglio, S.J., Arzobispo de Buenos Aires,
a las Comunidades Educativas. 9 de abril de 2003

La función esencial de la escuela es formar ciudadanos libres y con
capacidad para defender sus derechos y cumplir
con sus obligaciones.

Carta por la Niñez. 1 de octubre de 2005

Si nuestras escuelas no son el espacio donde se está creando
otra humanidad, donde arraiga otra sabiduría, donde
se gesta otra sociedad, donde tienen lugar la
esperanza y la trascendencia, estamos retrasando
un aporte único en esta etapa histórica.

Mensaje del Arzobispo de Buenos Aires a las Comunidades Educativas.
21 de abril de 2004

SOBRE LA ESPERA

La capacidad de esperar... [es] una de las cosas
más importantes que tenemos que aprender.

Misa por la Educación. 6 de abril de 2005

SOBRE LA ESPERANZA

La esperanza se presenta, en un primer momento,
como la capacidad de discernir, de sopesar todo y quedarse con lo
mejor de cada cosa.
Mensaje del Arzobispo a las Comunidades Educativas.
29 de marzo de 2000

Donde hay esperanza, hay alegría.
Homilía del Arzobispo de Buenos Aires, Cardenal Jorge Mario Bergoglio.
Catedral Metropolitana. Misa por la Educación. 10 de abril de 2002

SOBRE LAS ESTADÍSTICAS

Están quienes miran con ojos de estadísticas... y muchas
veces sólo ven números, sólo saben contar...
Palabras del señor Arzobispo al comienzo del Encuentro Arquidiocesano
de Catequesis. 12 de marzo de 2005

SOBRE ESTAR CORRECTO Y EQUIVOCADO

No tengo todas las respuestas. Ni tampoco todas las preguntas...
Confieso que, en general, por mi temperamento,
la primera respuesta que me surge es equivocada...
Es curioso pero me sucede así...
El Jesuita: Conversaciónes con el Cardenal Jorge Bergoglio,
S. J., 2010

SOBRE LA EUTANASIA

En la Argentina existe la eutanasia clandestina. Los servicios sociales pagan hasta cierto punto, y si se pasa este punto, "muere, tú estás muy viejo". Hoy, las personas ancianas se botan cuando, en realidad, son la base de la sabiduría de una sociedad. Derecho a la vida significa permitir a las personas que vivan, y no matarlas, permitirles crecer, comer, educarse, curarse y, también, permitirles morir con dignidad.

LifeSiteNews.com. 5 de octubre de 2007

Una cultura de descartar a los ancianos.

LifeNews.com. 13 de marzo de 2013

SOBRE EL EVANGELIO

Tenemos que salir a hablarle a esta gente de la ciudad a quien vimos en los balcones. Debemos salir de nuestra cáscara y decirles que Jesús vive, y que Jesús vive para él, para ella, y decírselo con alegría... aunque a veces uno parezca un poco loco.

Encuentro Arquidiocesano de Catequesis.

11 de marzo de 2000

SOBRE LA EXCLUSIVIDAD

A veces me pregunto si, como Iglesia diocesana, no somos cómplices de una cultura de la exclusión en la que ya no hay lugar para el anciano o el niño molesto, si ya no hay tiempo para detenerse al borde del camino.

Palabras del señor Arzobispo al Comienzo del Encuentro Arquidiocesano de Catequesis. 12 de marzo de 2005

SOBRE LAS EXPERIENCIAS RELIGIOSAS

Eso es la experiencia religiosa: el estupor de encontrarse con alguien que te está esperando.

El Jesuita: Conversaciones con el Cardenal Jorge Bergoglio, S. J., 2010

SOBRE LA FAMILIA

La familia es el centro natural de la vida humana...

Intervención del señor Arzobispo en la Plenaria de la Pontificia Comisión para América Latina. 18 de enero de 2007

Por eso la Iglesia trata de mostrar a la mentalidad moderna que la familia fundada en el matrimonio tiene dos valores esenciales para toda sociedad y para toda cultura: estabilidad y fecundidad...

Intervención del señor Arzobispo en la Plenaria de la Pontificia Comisión para América Latina. 18 de enero de 2007

Roles de paternidad, maternidad, filiación y hermandad que están en la base de cualquier sociedad y sin los cuales toda sociedad va perdiendo consistencia y se va volviendo anárquica.

Intervención del señor Arzobispo en la Plenaria de la Pontificia Comisión para América Latina. 18 de enero de 2007

SOBRE EL FALLECIMIENTO DEL PRESIDENTE NÉSTOR KIRCHNER

Hoy estamos aquí para rezar por un hombre que se llama Néstor, que fue recibido por las manos de Dios y que en su momento fue ungido por su pueblo.

Homilía del señor Arzobispo de Buenos Aires, Cardenal Jorge Mario Bergoglio, S. J., con Motivo de la Misa de sufragio del doctor Néstor Kirchner.
27 de octubre de 2010

SOBRE LA FE

Las personas preguntan por qué dedicamos nuestro tiempo a tocar estatuas cuando podríamos estar buscando trabajo. Nosotros hacemos esto porque la fe nos va a guiar. Nosotros hacemos esto porque la fe es duradera. Nosotros hacemos esto porque fe es lo único que tenemos en tiempos así.
Washington Post, 8 de agosto de 2003

Benedicto XVI ha insistido en que renovar la fe sea una prioridad; la fe presente como un regalo que pasa de mano en mano, un regalo ofrecido a otros para ser compartido como un acto gratuito. Esto no es una posesión, sino una misión.
Vatican Insider, 24 de febrero de 2012

SOBRE LAS FIESTAS Y LA IMPORTANCIA DE FESTEJAR

La fiesta ocupa otro lugar importante... aparece como... gratitud puesta en alegría, canto y baile. En la fiesta intervienen todos los sentidos corporales, en un clima de gozo y alegría...
Cultura y Religiosidad popular como inculturacion de la Fe.
19 de enero de 2008

SOBRE LA FRAGILIDAD

Me animo en este año a invitarte a reconocer
en tu fragilidad el tesoro escondido.
Mensaje del señor Arzobispo a los Catequistas. 21 de agosto de 2003

El Señor, cuando mira nuestra fragilidad, nos invita a
cuidarla, no con temor sino con audacia.
Mensaje del señor Arzobispo a los Catequistas. 21 de agosto de 2003

SOBRE EL FUTBOL COMO UNA METÁFORA
PARA LA VIDA

Como en el futbol: los penales tienes que atajarlos donde te los
tiran, no puedes elegir dónde te los van a patear. La vida viene así y
la debes recibir así aunque no te guste.
Encuentro Arquidiocesano de Catequistas 2012. 10 de marzo de 2012

SOBRE EL FUTURO

Jamás la humanidad tuvo, como ahora, la posibilidad de constituir
una comunidad mundial plurifacética y solidaria.
Mensaje del Arzobispo de Buenos Aires a las Comunidades Educativas.
Marzo de 2002

SOBRE LA GLOBALIZACIÓN

Para pelear con los efectos de la globalización que nos lleva al
cierre de muchas fábricas y a las consecuencias de la miseria y el

desempleo, tú tienes que promover un crecimiento económico que venga desde abajo, desde sus raíces, con la creación de compañías de tamaño medio y pequeño. La ayuda desde fuera no debe venir en formas de fondos, debe venir como un refuerzo a la cultura del trabajo, y a la cultura política.

Hindustan Times, 14 de marzo de 2013

Si concebimos la globalización como una bola de billar, se anulan las ricas virtudes de cada cultura.

Sobre el Cielo y la Tierra, 2010

Esta globalización, como ideología económica y social, ha afectado negativamente a nuestros sectores más pobres.

Ponencia del señor Arzobispo en la V Conferencia del CELAM, aparecida en mayo de 2007

La globalización como imposición unidireccional y uniformadora de valores, prácticas y mercancías va de la mano con la integración entendida como imitación y subordinación cultural, intelectual y espiritual.

Mensaje del Arzobispo de Buenos Aires a las Comunidades Educativas. Marzo de 2002

La globalización que uniforma es esencialmente imperialista... pero no es humana. En última instancia es una manera de esclavizar a los pueblos.

Sobre el Cielo y la Tierra, 2010

La globalización ha significado un acelerado deterioro de las raíces culturales con la invasión de las tendencias pertenecientes a otros *ethos* culturales, manifestada en el tipo de música, negocios, comida, centros comerciales, medios de comunicación, etcétera.

Ponencia del señor Arzobispo
en la V Conferencia del CELAM aparecida en mayo de 2007

Desde Bangkok hasta Sâo Paulo, desde Buenos Aires hasta Los Ángeles o Sydney, muchísimos jóvenes escuchan a los mismos músicos, los niños ven los mismos dibujos animados, las familias se visten, comen y divierten en las mismas cadenas... Sin embargo, esta globalización es una realidad ambigua.

Mensaje del Arzobispo de Buenos Aires a las Comunidades Educativas.
Marzo de 2002

SOBRE LA GUERRA SUCIA DE ARGENTINA

En la Iglesia hubo cristianos en los dos bandos, cristianos muertos en la guerrilla, cristianos que ayudaron a salvar gente y cristianos represores que creían que estaban salvando a la Patria.

Sobre el Cielo y la Tierra, 2010

Nosotros creemos que los pasos tomados por el sistema de justicia para clarificar estos sucesos deberían servir para renovar los esfuerzos de todos los ciudadanos hacia la reconciliación, y son un llamado que se nos hace para distanciarnos nosotros mismos no sólo de la impunidad, también del odio y del rencor. Cualquier católico que participó lo hizo por su propia responsabilidad, errando y pecando gravemente contra Dios, contra el hombre y contra su propia conciencia.

Interpress Service. 11 de octubre 2007

Los horrores que se cometieron durante el gobierno militar se fueron conociendo a cuentagotas, para mí es una de las lacras más grandes que pesan sobre nuestra Patria.

Sobre el Cielo y la Tierra, 2010

SOBRE LOS GURÚS

Aquí no hay ningún gurú que nos pueda explicar el misterio humano: nadie nos puede decir que esto será de tal modo y estaremos bien…

Homilía del señor Arzobispo de Buenos Aires, Cardenal Jorge Mario Bergoglio, S. J., en la Misa en la Catedral Metropolitana, a un mes de la tragedia ferroviaria de Once. 23 de marzo de 2012

SOBRE SU ELECCIÓN COMO PAPA

Como ustedes saben, las obligaciónes del cónclave son darle a Roma un Papa. Me parece que mis hermanos cardenales fueron hasta el fin del mundo. Pero, aquí estamos.

Reuters. 13 de marzo de 2013

Que Dios los perdone.

(Palabras a los cardenales después de haber sido elegido el nuevo Papa)

The Telegraph (Gran Bretaña). 14 de marzo de 2013

SOBRE LO QUE HARÁ COMO PAPA

A reparar mi iglesia en ruinas.

Catholic Online. 14 de marzo de 2013

SOBRE LA HIPOCRESÍA EN LA IGLESIA

Nosotros debemos estar de acuerdo en crear una "coherencia
eucarística", es decir, estar conscientes de que las personas no
pueden recibir la Sagrada Comunión y a la vez hablar o actuar
en contra de los mandamientos, en particular cuando el aborto,
la eutanasia y otros crímenes serios contra la vida y la familia se
están facilitando. Estas responsabilidades aplican particularmente a
legisladores, gobernadores y profesionales de la salud.
Catholic Online. 14 de marzo de 2013

SOBRE LA HISTORIA DE SU FAMILIA

Mis padres se conocieron en 1934 en la misa...
Se casaron al año siguiente.
*El Jesuita: Conversaciónes con el Cardenal Jorge Bergoglio,
S. J.*, 2010

SOBRE LA HIPOCRESÍA EN LA IGLESIA
SOBRE LAS HOMILÍAS

Una buena homilía dominical debe tener el sabor de ese vino nuevo
que renueva el corazón del predicador al mismo tiempo
que el de los oyentes.
Homilía Dominical en América Latina. 19 de enero de 2005

La homilía no es tanto un momento de meditación
y catequesis, sino el diálogo vivo entre Dios y su Pueblo...
Homilía Dominical en América Latina. 19 de enero de 2005

SOBRE LA HOMOSEXUALIDAD

El ministro religioso a veces llama la atención sobre ciertos puntos
de la vida privada o pública porque es el conductor de
la feligresía. A lo que no tiene derecho es a forzar la vida privada
de nadie. Si Dios, en la creación, corrió el riesgo de hacernos libres,
quién soy yo para meterme.

Sobre el Cielo y la Tierra, 2010

SOBRE LA HUMANIDAD

Todo ser humano es valioso...

Mensaje del Arzobispo de Buenos Aires a las Comunidades Educativas.

Marzo de 2002

Las personas tenemos una relación compleja con el mundo en que
vivimos, precisamente por nuestra doble condición de hijos de la
tierra e hijos de Dios.

Mensaje del Arzobispo de Buenos Aires, Cardenal Jorge Mario Bergoglio,
a las Comunidades Educativas.
18 de abril de 2007

SOBRE SU HUMILDAD

Yo me voy a quedar aquí abajo. (Rechazando el uso de una
plataforma como Papa, la cual lo haría parecer más alto que los
Cardenales alrededor de él.)

Catholic Online. 14 de marzo de 2013

SOBRE LA IDOLATRÍA

El ídolo más peligroso somos nosotros mismos cuando
queremos ocupar el lugar de Dios.

Intervención del señor Arzobispo durante el servicio de Selijot, en preparación
para el Rosh Hashaná, en la Sinagoga de la Calle Vidal 2049 de Buenos Aires.
11 de septiembre de 2004

SOBRE LA IGLESIA

Es cierto que, si uno sale a la calle, le puede pasar lo que a cualquier
hijo de vecino: accidentarse. Pero prefiero mil veces una Iglesia
accidentada a una Iglesia enferma.

El Jesuita: Conversaciones con el Cardenal Jorge Bergoglio,
S. J., 2010

Si, a lo largo de la historia, la religión tuvo tanta evolución, por qué
no vamos a pensar que en un futuro también se adecuará con la
cultura de su tiempo.

Sobre el Cielo y la Tierra, 2010

La Iglesia es Madre y predica al pueblo como una madre que
le habla a su hijo, con esa confianza de que el hijo ya sabe que todo
lo que se le enseñe será para bien, porque se sabe amado.

Homilía Dominical en América Latina. 19 de enero de 2005

Porque la Iglesia fue, es y será perseguida.

Homilía del señor Cardenal Jorge Mario Bergoglio, S. J., al comenzar la
Asamblea del Episcopado. 23 de abril de 2007

Cómo me encantaría tener a una Iglesia
que es pobre y para los pobres.
Rueda de Prensa en el Vaticano, 16 de marzo de 2013

Yo no me sentiría escandalizado al decir que la Iglesia
es mi madre: Yo debo mirar sus pecados y faltas como miro
los pecados de mi madre. Y cuando pienso en ella, yo me
acuerdo de todas las cosas buenas y hermosas que ha hecho, más
que de sus debilidades y defectos. La madre se defiende con el
corazón lleno de amor antes de hacerlo con palabras. Yo a veces me
detengo a pensar si hay amor por la Iglesia en esos corazones
que ponen mucha atención a los escándalos.
America Magazine. 13 de marzo de 2013

SOBRE LA IGLESIA EN BUENOS AIRES

En vez de ser justamente una Iglesia que da la bienvenida y recibe,
nosotros hemos tratado de ser una Iglesia que se sale de ella misma y va
a los hombres y a las mujeres que no participan en la vida parroquial,
que no conocen mucho de ella y son indiferentes hacia ella. Nosotros
organizamos misiones en esquinas públicas donde mucha gente se
congrega: nosotros rezamos, celebramos misas y ofrecemos bautismos,
los cuales se pueden administrar después de una breve preparación.
America Magazine. 13 de marzo de 2013

SOBRE LO QUE LA IGLESIA LE DEBE A SUS FELIGRESES

Misericordia, misericordia, misericordia.
Bloomberg News, 14 de marzo de 2013

SOBRE IMAGENES E INFORMACIÓN

Cuando las imágenes y las informaciones tienen como único objetivo inducir al consumo o manipular a la gente para aprovecharse de ella, estamos ante un asalto, ante una golpiza... son sentimientos equivalentes a los que se tiene en un asalto, en un acto de violencia, en un secuestro.

Comunicador: ¿Quién es tu prójimo? 2002

SOBRE LA INCERTIDUMBRE

Sigan preguntando por qué. Yo no puedo darles una respuesta, ni ningún obispo, ni el Papa, pero Él los va a consolar.

Homilía del señor Arzobispo de Buenos Aires, Cardenal Jorge Mario Bergoglio, S. J., en la misa en la Catedral Metropolitana, a un mes de la tragedia ferroviaria de Once. 23 de marzo de 2012

SOBRE LA INDIFERENCIA

Esta peligrosa indiferencia de pasar de largo, inocente o no...

Homilía del señor Arzobispo en el Te Deum. 25 de mayo de 2003

No sólo no pagamos la deuda del amor, sino que de alguna manera los que no hacemos nada, entre comillas, somos cómplices de este delito tan nefasto como es la explotación, la esclavitud y la trata de personas en nuestra ciudad. Somos cómplices por nuestro silencio, por nuestro no hacer nada, por nuestro no reclamo a quienes el pueblo ha ungido como responsable para solucionarlo. Por nuestra apatía.

Homilía del señor Arzobispo de Buenos Aires, Cardenal Jorge Mario Bergoglio S. J., en el Santuario de Nuestra Señora Madre de los Emigrantes con motivo de la celebración eucarística del Día del migrante. 7 de septiembre de 2008

No tenemos derecho a la indiferencia y al desinterés
o a mirar hacia otro lado.
Homilía del señor Arzobispo en el Te Deum. 25 de mayo de 2003

SOBRE LOS INMIGRANTES Y LA INMIGRACIÓN

Aquí parece que nadie odia al migrante. Pero está la xenofobia sutil,
la que quizá, elaborada por nuestra viveza criolla,
nos lleva a preguntarnos: ¿cómo los puedo usar mejor?, ¿cómo
me puedo aprovechar de ésta o de éste que no tiene documentos,
que entró de contrabando, que no sabe el idioma, o que es menor
de edad y no tiene quien lo proteja? Si somos sinceros debemos
reconocer que entre nosotros se da esa sutil forma de xenofobia
que es la explotación del migrante.
Homilía del señor Arzobispo de Buenos Aires, Cardenal Jorge Mario Bergoglio S. J., en el Santuario de Nuestra Señora Madre de los Emigrantes con motivo de la Celebración eucarística del Día del migrante. 7 de septiembre de 2008

Yo les confieso: cuando medito en esto, cuando lo veo, perdonen
pero lloro. Lloro de impotencia. ¿Qué le pasa a mi pueblo, que tenía
los brazos abiertos para recibir a tantos migrantes y ahora los va
cerrando y ha engendrado en su seno delincuentes que los explotan,
y los someten a la trata? ¿¡Qué le pasa a mi pueblo!?
Homilía del señor Arzobispo de Buenos Aires, Cardenal Jorge Mario Bergoglio S. J., en el Santuario de Nuestra Señora Madre de los Emigrantes con motivo de la Celebración eucarística del Día del migrante. 7 de septiembre de 2008

SOBRE LA INJUSTICIA

Quizá la peor de las injusticias del tiempo presente es...
el triunfo de la amargura.

Mensaje del Arzobispo a las Comunidades Educativas. 2000

Ante las graves formas de injusticia social y económica, de
corrupción política, de atropellos étnicos, de exterminio
demográfico y de destrucción del medio ambiente que padecen
pueblos y naciones enteras, surge la *necesidad de una radical
renovación* personal y social capaz de asegurar la justicia, la
solidaridad, la honestidad y la transparencia.

Disertación de Clausura del señor Arzobispo en el Congreso sobre la *Veritatis
Splendor*. 25 de septiembre de 2004

No basta con evitar la injusticia, si no se promueve la justicia.

Misa por la Educación. 6 de abril de 2005

SOBRE LOS JESUITAS

Entré a la Compañía de Jesús atraído por su condición
de fuerza avanzada de la Iglesia, hablando en lenguaje
castrense, desarrollada con obediencia y disciplina. Y por estar
orientada a la tarea misionera.

El Jesuita: Conversaciones con el Cardenal Jorge Bergoglio, S. J., 2010

SOBRE JESÚS

Jesús cuidaba los detalles.
Misa Crismal. 17 de abril de 2003

Jesús no nos quiere ni quietos ni atropelladores, ni "dormidos sobre los laureles" ni crispados...
Homilía del señor Arzobispo en la Solemnidad de Corpus Christi.
24 de mayo de 2008

SOBRE LOS JUDÍOS

Sinceramente espero que yo pueda contribuir al progreso que hemos celebrado entre los judíos y los católicos desde el Segundo Vaticano con un espíritu de colaboración renovada.
The Times of Israel. 14 de marzo de 2013

SOBRE LA JUSTICIA SOCIAL

La inclusión o la exclusión de las personas heridas y dejadas a un lado define todo lo económico, político, social y de proyectos religiosos. A todos nosotros, cada día, se nos presenta la opción de ser buenos samaritanos o de ser simplemente transeúntes.
AP Worldstream. 17 de abril de 2005

SOBRE LAVARLES LOS PIES A LOS PACIENTES CON SIDA

Este gesto es una invitación al corazón de cada cristiano, porque nosotros nunca perderemos si imitamos a Jesús, si nosotros servimos a nuestros hermanos que sufren.

Wall Street Journal. 14 de marzo de 2013

SOBRE LA LEY

Desde las viejas "reglas de cortesía" hoy casi inexistentes, hasta las obligaciones legales como el pago de impuestos y otras muchas. Todo ello es imprescindible para que nuestra convivencia circule por caminos más firmes, más respetuosos de la persona y más factibles de crear un sentido de comunidad.

Mensaje del Arzobispo de Buenos Aires a las Comunidades Educativas. 27 de abril de 2006

SOBRE LA LIBERTAD

La ceguera del alma nos impide ser libres.

Homilía del señor Arzobispo en el Te Deum. 25 de mayo de 2004

Es la lucha de toda persona: ser libre o ser esclavo.

Homilía del Arzobispo de Buenos Aires, Cardenal Jorge Mario Bergoglio, S. J. Catedral Metropolitana. Misa por la Educación. 9 de abril de 2003

SOBRE EL LIDERAZGO

El liderazgo es un arte... que se puede aprender. Es también una ciencia... que se puede estudiar. Es un trabajo... exige dedicación, esfuerzo y tenacidad. Pero es ante todo un misterio... no siempre puede ser explicado desde la racionalidad lógica.

Conferencia del señor Arzobispo en la XIII Jornada Arquidiocesana de Pastoral
Social. 16 de octubre de 2010

Todo líder, para llegar a ser un verdadero dirigente,
ha de ser ante todo un testigo.

Conferencia del señor Arzobispo en la XIII Jornada Arquidiocesana
de Pastoral Social. 16 de octubre de 2010

El verdadero liderazgo y la fuente de su autoridad es una experiencia
fuertemente existencial.

Conferencia del señor Arzobispo en la XIII Jornada Arquidiocesana
de Pastoral Social. 16 de octubre de 2010

SOBRE LAS LIMOSNAS

A veces pregunto al que se confiesa si da limosna a los mendigos.
Cuando me dicen que sí, sigo preguntando: "¿Y mira a los ojos al
que le da la limosna, le toca la mano?" Y ahí empiezan a enredarse
porque muchos le tiran la moneda y voltean la cabeza.

Sobre el Cielo y la Tierra, 2010

SOBRE LA MADUREZ

Parece que una meditación sobre la madurez nos vendría bien a todos.

Misa por la Educación. 6 de abril de 2005

Si la madurez fuera solamente el desarrollo de algo precontenido en
el código genético, realmente no habría mucho que hacer.

Misa por la Educación. 6 de abril de 2005

La madurez implica tiempo.
Misa por la Educación. 6 de abril de 2005

SOBRE LOS MAESTROS

Ustedes se enfrentan diariamente a chicos y chicas de carne y hueso, con posibilidades, deseos, miedos y carencias reales. Jóvenes que están ahí, en cuerpo y alma, como son y como vienen, ante un adulto, reclamando, esperando, criticando, rogando a su manera, infinitamente solos, necesitados, aterrorizados, confiando persistentemente en ustedes aunque a veces lo hagan con cara de indiferencia, desprecio o rabia; atentos a ver si alguien les ofrece algo distinto... o les cierra otra puerta más en la cara.
Misa por la Educación. 6 de abril de 2005

Educar es una de las artes más apasionantes de la existencia...
Mensaje del señor Arzobispo en la Misa por la Educación. 23 de abril de 2008

SOBRE EL MALTRATO A LOS JÓVENES

Nadie tiene el derecho de experimentar con los niños
y con los jóvenes. Son la esperanza de un
pueblo y los debemos cuidar con decisión responsable.
Homilía del señor Arzobispo pronunciada en la Catedral Metropolitana
por los difuntos del accidente en una discoteca al cumplirse el primer mes de
los acontecimientos. 30 de enero de 2005

¿Qué les está pasando a nuestros niños y jóvenes? ¿Qué pasa, mejor dicho, con nosotros, que no podemos hacernos cargo de la situación de abandono y soledad en que se encuentran?

Misa por la Educación. 6 de abril de 2005

SOBRE EL MATRIMONIO

Cuando el esposo o la esposa se acostumbra al cariño
y a la familia, entonces deja de valorarse, de dar gracias y cuidar
delicadamente lo que se tiene.

Gesto Cuaresmal Solidario 2010. 17 de febrero de 2010

SOBRE SU MAYOR TEMOR

Es verdad que la cultura hedonista, consumista, narcisista, se va
infiltrando en el catolicismo. Nos contagia... En eso consiste la
verdadera pérdida de lo religioso, a lo que yo más temo.

Sobre el Cielo y la Tierra, 2010

SOBRE LA MEDIOCRIDAD

La mediocridad... es el mejor narcótico
para esclavizar a los pueblos.

Homilía del señor Arzobispo en el Te Deum. 25 de mayo de 2004

SOBRE LOS MEDIOS DE COMUNICACIÓN

Estén seguros de que la Iglesia, por su parte, estima su importante
trabajo. Su trabajo requiere preparación minuciosa, sensibilidad y

experiencia, como muchas otras profesiones, pero también exige una preocupación particular por la verdad, lo bueno y lo bonito. Esto es algo que nosotros tenemos en común.

Rueda de Prensa del Vaticano, 16 de marzo de 2013

Los periodistas se presentan siempre ante la sociedad como "buscadores de la verdad".

Disertación del señor Arzobispo en ADEPA. 6 de abril de 2006

Cuando la noticia sólo nos hace exclamar "¡qué barbaridad!" e inmediatamente dar vuelta a la página o cambiar de canal, entonces hemos destruido la proximidad con nuestros semejantes, hemos ensanchado aún más el espacio que nos separa.

Disertación del señor Arzobispo en ADEPA. 6 de abril de 2006

Los medios pueden ser, lamentablemente, espejo de la sociedad en sus aspectos peores o frívolos y narcisistas.

Comunicador: ¿Quién es tu prójimo? 2002

El papel de los medios de comunicación se ha expandido exponencialmente en los últimos años, tanto que ya son un medio esencial para informar al mundo sobre los acontecimientos de la historia contemporánea. Tomando todo esto en cuenta, me gustaría agradecerles de manera especial por la cobertura que le han dado a la Iglesia en los últimos días (¿realmente trabajaron, verdad?) cuando los ojos del mundo entero, no sólo de los católicos, miraron hacia la Ciudad Eterna.

Rueda de Prensa del Vaticano, 16 de marzo de 2013

SOBRE LA MEMORIA

Hacer memoria, mantener despierta la memoria de triunfos y fracasos, de momentos de felicidad y sufrimiento, es la única forma de no ser como "niños" en el peor sentido de la palabra: inmaduros, sin experiencia, tremendamente vulnerables, víctimas de cualquier señuelo que se nos presente revestido de luces y colores.

Misa por la Educación. 6 de abril de 2005

La manipulación de la memoria nunca es inocente; más bien es deshonesta.

Misa por la Educación. 6 de abril de 2005

SOBRE LAS MENTIRAS

La mentira y el robo (ingredientes principales de la corrupción) siempre son males que destruyen a la comunidad.

Mensaje del Arzobispo de Buenos Aires a las Comunidades Educativas. Marzo de 2002

SOBRE LOS MÉTODOS ANTICONCEPTIVOS

Los fanáticos anticondones quieren poner al mundo entero dentro de un condón.

Sobre el Cielo y la Tierra, 2010

SOBRE LA MISERICORDIA

Un poquito de misericordia hace al mundo menos frío y más justo.

Homilía. 17 de marzo de 2013

Sólo quien ha encontrado la misericordia, quien ha sido acariciado
por la ternura de la misericordia, puede estar feliz
y confortable con Dios.

National Catholic Reporter. 3 de marzo de 2013

La misericordia es el mensaje más poderoso de Dios. No es fácil
entregarse a la misericordia de Dios porque su misericordia es un
abismo inconcebible, ¡pero debemos hacerlo!

Homilía. 17 de marzo de 2013

SOBRE SU MISIÓN COMO PAPA

Ahora, comencemos este viaje, obispo y pueblo, este viaje de la
Iglesia de Roma, lo cual llevará a todas las iglesias hacia la caridad,
un viaje de fraternidad, amor y confianza entre nosotros.

Reuters. 13 de marzo de 2013

SOBRE ÉL MISMO

Y, por favor, no dejen de rezar por mí, pues lo necesito.

Homilía del señor Arzobispo en la Solemnidad de Corpus Christi.

9 de junio de 2007

Es cierto que yo era, como toda mi familia, un católico práctico.
Pero mi cabeza no estaba puesta sólo en cuestiones religiosas,
porque también tenía inquietudes políticas, aunque no pasaban
del plano intelectual. Leía *Nuestra Palabra y Propósitos*, publicación
del partido comunista y me encantaban todos los artículos...
que me ayudaron en mi formación política.
Pero nunca fui comunista.

El Jesuita: Conversaciones con el Cardenal Jorge Bergoglio, S. J., 2010

No me gusta hablar de lo que no vi o no sé.

Homilía del señor Arzobispo de Buenos Aires, Cardenal Jorge Mario Bergoglio,
S. J. En el Santuario de Nuestra Señora Madre de los Emigrantes con motivo
de la Celebración eucarística del Día del migrante. 7 de septiembre de 2008

SOBRE LA MORAL

Hablamos de la moral porque es más fácil. Más aún (y esto
refleja la mala educación) tratamos temas relacionados con
la moral matrimonial y la moral atada al sexto mandamiento
porque parecen más vívidos. Así, de esa manera, nos estamos
dando una imagen muy triste de la Iglesia.

Vatican Insider. 15 de diciembre de 2011

SOBRE LA MUERTE

La muerte está todos los días en mi pensamiento.

El Jesuita: Conversaciones con el Cardenal Jorge Bergoglio, S. J. 2010

SOBRE LAS MUJERES

Cuando era seminarista me deslumbró una joven que conocí...
Me sorprendió su belleza, su luz intelectual..., y bueno,
anduve enamorado un buen tiempo...Cuando volví al seminario...
no pude rezar toda una semana porque aparecía
la joven en mi cabeza. Tuve que volver a pensar qué hacía.
Todavía era libre porque era seminarista, podía volverme
a casa y adiós... Volví a elegir el camino religioso.
Sería anormal que no pasara este tipo de cosas. Cuando esto sucede,
uno se tiene que resituar.

Sobre el Cielo y la Tierra, 2010

El hecho de que la mujer no pueda ejercer el sacerdocio
no significa que sea menos que el varón.

Sobre el Cielo y la Tierra, 2010

La presencia femenina en la Iglesia no se ha destacado mucho,
porque la tentación del machismo no
ha dejado lugar para hacer visible el lugar que toca
a las mujeres de la comunidad.

Sobre el Cielo y la Tierra, 2010

SOBRE LA MUNDANERÍA ESPIRITUAL

La mundanería espiritual es una forma de antropocentrismo religioso
que tiene elementos gnósticos. Hacer una carrera en busca de una
promoción cae dentro de la categoría de mundanería espiritual.

America Magazine. 13 de marzo de 2013

SOBRE LA NAVIDAD

¿Qué es el espíritu de las Navidades? A través de los años el mundo de la cultura ha tratado de expresarlo de mil maneras y ha logrado acercarnos al significado del espíritu Cristiano. ¿Cuántas historias de las Navidades logran esto?

The Guardian (Gran Bretaña). 16 de marzo de 2013

SOBRE LOS NEGOCIOS FORÁNEOS

El dinero también tiene patria, y aquel que explota una industria en el país y se lleva el dinero para guardarlo en otra parte está pecando. Porque no honra con ese dinero al país que le da la riqueza...

Sobre el Cielo y la Tierra, 2010

SOBRE EL NEOLIBERALISMO

En la cultura predominante de corte neoliberal, lo exterior, inmediato, visible, rápido, superficial, ocupan el primer lugar y lo real cede el lugar a la apariencia.

Ponencia del señor Arzobispo en la V Conferencia del CELAM aparecida en 2007. Mayo de 2007

SOBRE LOS NIÑOS

Por último, solemos interrogarnos con cierta preocupación: ¿Qué mundo le dejamos a nuestros hijos? Quizá sería mejor plantearnos: ¿Qué hijos le damos a este mundo?

Disertación de Monseñor Jorge Mario Bergoglio en la Sede de la Asociación
Cristiana de Empresarios, sobre el tema de educación.
1 de septiembre de 1999

Tenemos en nuestras manos la responsabilidad y también la posibilidad
de hacer de este mundo algo mucho más habitable para nuestros niños.
Homilía del señor Arzobispo en la Misa por la Educación.
6 de abril de 2005

Debemos tomar conciencia de la situación de emergencia
de nuestra niñez y juventud.
Carta por la Niñez. 1 de octubre de 2005

¡Cuántos niños no saben rezar!
Mensaje del Arzobispo a los sacerdotes, religiosos/as y fieles laicos de la
Arquidiócesis. 25 de febrero de 2004

Los niños son maltratados, a veces ni educados y alimentados.
A muchos se les entrega a la prostitución y son explotados.
Y esto pasa aquí en Buenos Aires, en la gran ciudad del sur.
La prostitución infantil es ofrecida en algunos hoteles de cinco
estrellas: inclusive están en el menú de entretenimiento,
bajo el título de "Otros".
LifeSiteNews.com, 5 de octubre de 2007

SOBRE NUESTRA RELACIÓN CON DIOS

Si le cerramos la puerta de nuestro corazón en la cara, Él sufre.
Aunque está acostumbrado, Él sufre. Y nosotros perdemos la
oportunidad de que nos haga felices.

Homilía del señor Cardenal Jorge Mario Bergoglio con motivo de la
Celebración del Domingo de Ramos en la Basílica de San José de Flores.
15 de marzo de 2008

SOBRE SU NUEVO NOMBRE, FRANCISCO

El hombre de los pobres, el hombre de la paz. El hombre
que ama y cuida la creación, y en este momento no
tenemos esa gran relación con el creador. El hombre
que nos dio ese espíritu de paz, el hombre pobre
que quiso una iglesia pobre.

The Guardian (Gran Bretaña). 16 de marzo de 2013

Francisco es también un hombre de paz. Así fue como este nombre
me vino al corazón. San Francisco de Asís. Es un hombre, para mí,
de pobreza, de paz, el hombre que ama y protege
la creación...

Rueda de Prensa en el Vaticano. 16 de marzo de 2013

Francisco de Asís aportó al cristianismo toda una concepción sobre
la pobreza frente al lujo, el orgullo y la vanidad...
y ha cambiado la historia.

Sobre el Cielo y la Tierra, 2010

SOBRE LAS OPCIONES

Todos enfrentamos cada día la opción de ser buenos samaritanos o
indiferentes viajantes que pasan de largo.

Homilía del señor Arzobispo en el Te Deum. 25 de mayo de 2003

SOBRE LA ORACIÓN

Déjanos rezar para nosotros (uno para el otro) siempre.
Déjanos rezar para el mundo entero; de esa manera,
habrá una gran fraternidad entre nosotros.

Reuters. 13 de marzo de 2013

SOBRE LA PALABRA DE DIOS

La palabra del Señor siempre nos lleva a optar. Y uno, o se convierte
y pide ayuda y más luz, o se cierra y se adhiere con más fuerza a sus
cadenas y tinieblas.

Homilía del señor Arzobispo durante la Misa Crismal.

13 de abril de 2006

SOBRE EL PAPA BENEDICTO

Pienso en mi venerable predecesor, Benedicto XVI, con gran afecto y
profunda gratitud. Durante sus años como pontífice, ha enriquecido
y fortalecido a la Iglesia con sus enseñanzas, su bondad, su
dirección, su fe, su humildad y su ternura, las cuales perduran como
un legado espiritual para todos.

Address to Cardinals, *The Vatican Today,* 15 de marzo de 2013

Era Él [Dios] quien inspiró la decisión de elegir a Benedicto XVI
para bien de la Iglesia.

Rueda de Prensa del Vaticano.

16 de marzo de 2013

SOBRE EL PAPEL DEL PAPA

Cristo es el pastor de la Iglesia, pero su presencia en la historia
pasa a través de la libertad de los seres humanos; desde
sus medios uno es escogido para servir como su vicario,
el sucesor de su apóstol, Pedro.

Rueda de prensa del Vaticano. 16 de marzo de 2013

SOBRE EL PASADO

Lo que fue pecado e injusticia también necesita ser bendecido con el
perdón, el arrepentimiento y la reparación.

Homilía del señor Arzobispo en la Solemnidad de Corpus Christi.
9 de junio de 2007

SOBRE EL PECADO

Para mí sentirse pecador es una de las cosas más lindas que
le puede suceder a una persona, si la lleva hasta
las últimas consecuencias.

El Jesuita: Conversaciones con el Cardenal Jorge Bergoglio,
S. J., 2010

Para mí, el pecado no es una mancha que tengo que limpiar. Lo que
debo hacer es pedir perdón y reconciliarme, no ir a la tintorería del
japonés a la vuelta de mi casa.

El Jesuita: Conversaciones con el Cardenal Jorge Bergoglio,
S. J., 2010

SOBRE LA PENA DE MUERTE

Antes era uno de los castigos de catálogo que el cristianismo aceptó. Pero hoy la conciencia moral se afinó mucho, y en el catecismo se dice que es mejor que no exista.

Sobre el Cielo y la Tierra, 2010

SOBRE EL PERDÓN

Nosotros pedimos la gracia de nunca cansarnos de pedir perdón, porque Él nunca se cansa de perdonarnos.

Homilía. 17 de marzo de 2013

Si Dios no perdona, el mundo no existe.

Homilía. 17 de marzo de 2013

SOBRE EL PESIMISMO

Que no nos entreguemos nunca al pesimismo, a la amargura que el diablo nos ofrece todos los días.

Dirigiéndose a los Cardenales, *The Vatican Today*.

15 de marzo de 2013

SOBRE PEDIR A LOS CATÓLICOS POR SUS ORACIONES

Me gustaría darles a ustedes la bendición, pero primero quiero pedirles un favor. Antes de que el obispo bendiga al pueblo, yo les pido a ustedes que recen al Señor para que Él me bendiga a mí.

Reuters. 13 de marzo de 2013

SOBRE LA POBREZA

Una comunidad que deje de arrodillarse ante la riqueza,
el éxito y el prestigio; que sea capaz, por el contrario,
de lavar los pies a los humildes y necesitados, sería
más acorde con esta enseñanza que la ética del "ganador"
(a cualquier precio) que hemos mal aprendido
en tiempos recientes.

Mensaje del Arzobispo de Buenos Aires a las Comunidades Educativas.

Marzo de 2002

¿Existe algo más humillante que la condena
a no poder ganarse el pan?

Mensaje del Arzobispo de Buenos Aires a las Comunidades Educativas.

Marzo de 2002

SOBRE EL PODER

Si el más poderoso usó todo su poder para servir y perdonar,
el que lo usa para otra cosa termina haciendo el ridículo.

Homilía del señor Arzobispo en la Fiesta de San Cayetano.

7 de agosto de 2005

El que tenga un poquito más de poder se tiene que poner
a servir un poquito más.

Homilía del señor Arzobispo en la Fiesta de San Cayetano. 7 de agosto de 2005

SOBRE LA POLÍTICA DE LA IGLESIA

El Papa... nos habla sobre Jaime y Juán y la tensión entre los
primeros seguidores de Jesús, quienes discutían sobre quién debía
ser primero. Esto refleja algunas de las actitudes que han existido en
la Iglesia desde su comienzo.

Vatican Insider. 24 de febrero de 2012

Hay sectores internos dentro de las religiones que, por acentuar lo
prescriptivo, dejan de lado lo humano...

Sobre el Cielo y la Tierra, 2010

Hubo épocas corruptas en la Iglesia... Hubo épocas muy difíciles
y, sin embargo, la religión resucitó.

Sobre el Cielo y la Tierra, 2010

SOBRE LOS POLÍTICOS

A veces tenemos que apagar un incendio, pero la vocación del
político no es ser bombero.

Jornadas Arquidiocesanas de Pastoral Social. 2001

Algunos me dicen: "Sí Padre. Es que también los funcionarios
no hacen nada." ¡Y tú qué haces?
Si no haces nada, ¡cállate!...

Homilía del señor Arzobispo de Buenos Aires,
Cardenal Jorge Mario Bergoglio S. J. En el Santuario de Nuestra Señora
Madre de los Emigrantes con motivo de la Celebración eucarística
del Día del migrante. 7 de septiembre de 2008

SOBRE EL POLITIQUEO

La política es una actividad noble. Debemos re-evaluarla
y practicarla con la vocación y dedicación que nos exige el
testimonio y el martirio...

The Telegraph (Gran Bretaña). 13 de marzo de 2013

SOBRE LAS POSIBILIDADES

La historia humana, nuestra historia y la de cada uno
de nosotros, de nuestras familias, de nuestras comunidades;
la historia concreta que construimos día a día en nuestras escuelas,
nunca está "terminada", nunca agota sus posibilidades,
siempre puede abrirse a lo nuevo, a lo que
hasta ahora no se había tenido en cuenta.
A lo que parecía imposible.

Mensaje del Cardenal Jorge Mario Bergoglio,
S. J., Arzobispo de Buenos Aires, a las Comunidades Educativas.
9 de abril de 2003

SOBRE LAS PROMESAS DE DIOS

No promete riqueza ni poder; pero sí el cuidado y la seguridad más
grande que se puedan encontrar: "Se refugiará en el nombre del
Señor." Promete su intimidad, su calidez de Padre,
su acogida llena de ternura y comprensión.

Homilía del señor Arzobispo pronunciada en la Catedral Metropolitana
por los difuntos del accidente en una discoteca al cumplirse el primer mes de
los acontecimientos. 30 de enero de 2005

SOBRE SU PRIMER TUIT

Queridos Amigos, les agradezco desde mi corazón y les pido que sigan rezando por mí. Papa Francisco.

SOBRE SUS PRIMERAS PALABRAS COMO PAPA

No quiero mantener a la gente esperando.

Wall Street Journal. 15 de marzo de 2013

SOBRE LA REACCIÓN DE SU MADRE CUANDO SE UNIÓ AL SACERDOCIO

Cuando entré al seminario, mi madre no me acompañó,
no quiso ir. Durante años no aceptó mi decisión. No estábamos
peleados. Sólo que yo iba a casa y ella no iba al seminario...
¡Ojo! Ella era una mujer religiosa, practicante,
pero consideraba que todo había sucedido demasiado rápido...
Pero recuerdo verla de rodillas ante mí al finalizar
la ceremonia de ordenación sacerdotal,
pidiéndome la bendición.

El Jesuita: Conversaciones con el Cardenal Jorge Bergoglio,
S. J., 2010

SOBRE LA REALIDAD VIRTUAL

La "realidad virtual" abre nuevas puertas a la creatividad
y a la educación, y también cuestiona las formas tradicionales
de comunicación con serias implicaciones antropológicas.
Mensaje del Arzobispo a las Comunidades Educativas.
29 de marzo de 2000

SOBRE RECHAZAR UNA LIMOSINA DESPÚES DE CONVERTIRSE EN PAPA

Yo me voy con ellos en el autobús.
Associated Press. 13 de marzo de 2013

SOBRE LAS REDES SOCIALES

Nosotros tratamos de llegar a las personas que están muy lejos,
mediante fuentes digitales, web y mensajes breves.
Vatican Insider. 24 de febrero de 2012

SOBRE LOS REGALOS DE DIOS

Cuando el hombre se queda solo con el don y no hace la tarea,
no cumple su mandato y permanece en estado primitivo;
cuando se entusiasma demasiado con la tarea,
se olvida el don, crea una ética constructivista: piensa que
todo es fruto de sus manos y que no hay don.
Sobre el Cielo y la Tierra, 2010

SOBRE LA RELACIÓN ENTRE IGLESIA Y ESTADO

No está mal que la religión dialogue con el poder político;
el problema empieza cuando se asocia con él para hacer negocios
bajo la mesa.

Sobre el Cielo y la Tierra, 2010

SOBRE EL RELATIVISMO

La sociedad actual es relativista: todo es válido y podemos caer
en la tentación de que, para no discriminar e incluir a todos, a veces
sintamos que es necesario "relativizar" la verdad. No es así.

Palabras iniciales del señor Arzobispo en el Primer Congreso Regional de
Pastoral urbana. 25 de agosto de 2011

SOBRE LA RESPONSABILIDAD

Dejemos de ocultar el dolor de las pérdidas y hagámonos cargo
de nuestros crímenes, indecisiones y mentiras, porque sólo la
reconciliación reparadora nos resucitará y nos hará perder el miedo
a nosotros mismos.

Homilía del señor Arzobispo en el Te Deum.

25 de mayo de 2003

SOBRE ROMA

Espero que el viaje de la Iglesia que comienza hoy sea fructífero para la evangelización de esta ciudad.

Reuters. 13 de marzo de 2013

SOBRE EL SACERDOCIO

Ser un sacerdote abierto quiere decir "que es capaz de escuchar aunque se mantenga firme en sus convicciones".

Carta a los Sacerdotes de la Arquidiócesis. 1 de octubre de 1999

La Iglesia tiene mucha necesidad de teólogos moralistas que profundicen la propuesta moral de Jesús, la hagan comprensible al hombre contemporáneo y así presten un servicio insustituible a la nueva evangelización.

Disertación de clausura del señor Arzobispo en el Congreso sobre la *Veritatis Splendor.* 25 de septiembre de 2004

Como pastores, nos toca predicar en nuestras misas, renovar cada día, cada domingo, nuestro fervor al preparar la homilía, verificando en primer lugar si en nosotros crece el conocimiento y el amor por la palabra que predicamos.

Homilía Dominical en América Latina. 19 de enero de 2005

SOBRE LOS SACERDOTES Y EL CELIBATO

Si, hipotéticamente, el catolicismo occidental revisara el tema del celibato... Por el momento, estoy a favor de que se mantenga el

celibato, con los pros y contras que tiene, porque son diez siglos de
buenas experiencias más que de fallas.

Sobre el Cielo y la Tierra, 2010

SOBRE LOS SACERDOTES QUE SE DESVÍAN

Si uno de ellos viene y me dice que dejó embarazada a una mujer, lo
escucho... pero tiene que dejar el ministerio y hacerse cargo de ese
hijo... Porque así como ese niño tiene derecho a tener una madre,
también lo tiene al rostro de un padre. Me comprometo a arreglarle
los papeles en Roma, pero debe dejar todo.

Sobre el Cielo y la Tierra, 2010

La doble vida no nos hace bien, no me gusta, significa fomentar la
falsedad... "Si no lo puedes sobrellevar, decídete."

Sobre el Cielo y la Tierra, 2010

SOBRE LA SALVACIÓN

No hay término medio: luz o tinieblas, soberbia o humildad, verdad
o mentira, abrimos la puerta a Jesús que viene a salvarnos o nos
cerramos en la suficiencia y el orgullo de la autosalvación.

Homilía del señor Arzobispo en la Misa de Nochebuena. 25 de diciembre de 2003

SOBRE EL SECTARISMO

La actitud sectaria en la vida social y política de un país es terrible.
Ello nos separa, nos divide y nos lleva a la soledad.

The Guardian (Gran Bretaña). 16 de marzo de 2013

SOBRE SER PADRES

Sin estas tres actitudes (ternura, esperanza, paciencia) no se puede respetar la vida y el crecimiento del niño por nacer.

Dia del niño por nacer. 25 de marzo de 2004

Sólo una madre y un padre pueden decir con alegría, orgullo y responsabilidad: vamos a ser padres, hemos concebido a nuestro hijo.

Homilía del señor Arzobispo en la Fiesta de San Cayetano.
7 de agosto de 2007

SOBRE LOS SERES HUMANOS

Hay dos tipos de hombres: el que se preocupa por el dolor y el que pasa a su lado.

Homilía. 2003

SOBRE EL SERVICIO

El servicio es inclinación ante la necesidad del otro, a quien —al inclinarme— descubro en su necesidad como mi hermano. Es el rechazo de la indiferencia y del egoísmo utilitario. Es hacer por los otros y para los otros.

Homilía del Te Deum. 25 de mayo de 2001

El poder es servicio y, el servicio, para convertirse en bien, debe llegar hasta el detalle más pequeño, para hacer que el otro "se sienta bien atendido", dignificado.

Homilía del señor Arzobispo en la Fiesta de San Cayetano. 7 de agosto de 2005

Cada vez que la vida nos pone en la disyuntiva de servir incluyendo
o aprovecharnos excluyendo, entre lavar los pies a otro o lavarnos
las manos ante la situación de otros, invoquemos esta imagen de
Jesús y la alegría del servicio...

Homilía del señor Arzobispo en la Fiesta de San Cayetano.
7 de agosto de 2005

SOBRE EL SILENCIO

Por eso, me animo a invitarlos a ustedes, hombres y mujeres de la
palabra: ¡amen el silencio, busquen el silencio, hagan fecundo en su
ministerio el silencio!

Palabras del señor Arzobispo al comienzo del Encuentro
Arquidiocesano de Catequesis. 12 de marzo de 2005

SOBRE EL SUFRIMIENTO

Del dolor y de los límites propios es donde mejor
se aprende a crecer y de nuestros mismos males nos surge
una honda pregunta: ¿Hemos vivido suficiente dolor
para decidirnos a romper viejos esquemas?

Homilía del señor Arzobispo en el Te Deum.
25 de mayo de 2002

Felices nosotros si la apelación a la justicia nos hace
arder las entrañas cuando vemos la miseria de millones
de personas en el mundo.

Homilía del Arzobispo en el Te Deum. 25 de mayo de 2006

Vivimos situaciones graves que desaniman y con frecuencia
nos llevan al desaliento.

Mensaje del Arzobispo a los sacerdotes, religiosos/as y fieles laicos
de la Arquidiócesis. 25 de febrero de 2004

El dolor no es una virtud en sí mismo, pero puede ser virtuoso
el modo de asumirlo.

El Jesuita: Conversaciones con el Cardenal Jorge Bergoglio, S. J., 2010

SOBRE EL SUICIDIO

Hubo un momento en que no se hacían funerales al suicida, porque
no seguía andando hacía la meta, le ponía fin al camino cuando
quería. Pero... es una persona que no pudo sobreponerse a las
contradicciones. No lo rechazo. Lo dejo en manos de Dios.

Sobre el Cielo y la Tierra, 2010

SOBRE EL TANGO

Me gusta el tango, lo bailé de joven... El tango es algo que me
agrada muchísimo. Es algo que me sale de adentro.

El Jesuita: Conversaciones con el Cardenal Jorge Bergoglio, S. J., 2010

SOBRE LA TECNOLOGÍA

Las nuevas realidades exigen nuevas respuestas.

Mensaje del Arzobispo a las Comunidades Educativas.
29 de marzo de 2000

Es obvio que no podemos dejar de formar parte de la "sociedad
de la información" en la cual vivimos; lo que sí podemos es
"tomarnos tiempo" para analizar, desplegar posibilidades, visualizar
consecuencias, intercambiar puntos de vista, escuchar otras voces...

Misa por la Educación. 6 de abril de 2005

La tecnología puede ayudar a crecer o a desorientar. Puede recrear
las cosas, informándonos sobre la realidad para ayudarnos a
discernir ante nuestras opciones y decisiones, o por el contrario
puede crear simulaciones virtuales, ilusiones, fantasías y ficciones
que también nos mueven a opciones de vida.

Comunicador: ¿Quién es tu prójimo?

10 de octubre de 2002

SOBRE LA TELEVISIÓN

La producción cultural, en especial la oferta televisiva, pone
a disposición de nuestros niños y jóvenes, de manera constante,
como ya lo han señalado prestigiosas instituciones y personalidades
de nuestra sociedad, programas donde la degradación y frivolidad
de la sexualidad, la desvalorización de la familia, la promoción de
valores maquillados artificialmente y la exaltación de la violencia,
con una libertad irresponsable.

Carta por la Niñez. 1 de octubre de 2005

SOBRE EL TIEMPO

Las cosas realmente importantes requieren tiempo: aprender un
oficio o profesión, conocer una persona, entablar una relación

duradera de amor o de amistad, saber cómo distinguir lo importante de lo prescindible...

Misa por la Educación. 6 de abril de 2005

"Tiempo es experiencia", sí, pero sólo cuando uno se dio la oportunidad de "hacer experiencia de la experiencia."

Misa por la Educación. 6 de abril de 2005

Pero permítanme una última precisión: "tomarse tiempo" no es lo mismo que "dejar pasarlo".

Misa por la Educación. 6 de abril de 2005

SOBRE EL TRABAJO

Una persona que trabaja debe tomarse tiempo para descansar, para estar en familia, disfrutar, leer, escuchar música, practicar un deporte... Cuando el trabajo no da paso al sano ocio, al descanso reparador, entonces esclaviza.

El Jesuita: Conversaciones con el Cardenal Jorge Bergoglio,

S. J., 2010

El hombre no es para el trabajo, sino el trabajo para el hombre.

El Jesuita: Conversaciones con el Cardenal Jorge Bergoglio,

S. J., 2010

SOBRE EL TRABAJO INFANTIL

Con la promoción y el fortalecimiento del trabajo de los adultos lograremos evitar el trabajo de los niños. Es muy difícil que un niño

salga a buscar trabajo si sus padres cuentan con un empleo digno
que satisfaga las necesidades de la familia.

Carta por la Niñez. 1 de octubre de 2005

SOBRE EL TRÁFICO DE PERSONAS Y LA ESCLAVITUD

No a la esclavitud. No a los que sobran. No a los niños, hombres y
mujeres como material desechable. ¡Es nuestra carne la que está en
juego! ¡Es nuestra carne la que se vende! ¡La misma carne que tengo
yo, que tienes tú, está en venta! ¿No te vas a conmover por la carne
de tu hermano?

Homilía del señor Arzobispo en Plaza Constitución.

4 de septiembre de 2009

SOBRE EL TRANSPORTE PÚBLICO

Lo abordo [el Metro] casi siempre por la rapidez, pero me gusta más
el colectivo, porque veo la calle.

El Jesuita: Conversaciones con el Cardenal Jorge Bergoglio,

S. J., 2010

SOBRE LA UNIDAD

Caminar como pueblo siempre es más lento.

Carta del señor Arzobispo a los Catequistas de Buenos Aires.

Agosto de 2004

SOBRE LA VANIDAD

La vanidad, el lucirse, es una actitud que reduce tu espiritualidad a las cosas mundanas, lo cual es el peor pecado que se pueda cometer en la Iglesia.

America Magazine. 13 de marzo de 2013

Mirad a un pavo real, si lo miras de frente es muy bonito. Pero da algunos pasos, míralo desde atrás y te das cuenta de la realidad. Quien cede a esa vanidad autorreferencial, en el fondo esconde una miseria muy grande.

El Mundo. 14 de marzo de 2013

SOBRE EL VATICANO Y SU DINERO

Siempre se habla del oro del Vaticano, pero eso es un museo... El balance vaticano es público, siempre presenta déficit: lo que entra en donaciones o por visitas a museos va a leprosarios, escuelas, comunidades...

Sobre el Cielo y la Tierra, 2010

SOBRE LA VEJEZ

Dicen que la vejez es la silla de la sabiduría. Los viejos tienen la sabiduría del caminar a través de la vida. Como el viejo Simeón y Ana en el templo, donde la sabiduría les permitió reconocer a Jesús. Vamos a dar esa sabiduría a los jóvenes: como el buen vino que se mejora con los años, demos a los jóvenes la sabiduría de nuestras vidas.

Dirigiéndose a los Cardenales, *The Vatican Today.* 15 de marzo de 2013

El anciano es el transmisor de la historia, quien nos trae los recuerdos, la memoria del pueblo, de nuestra patria, de la familia, de una cultura, de una religion... Ha vivido mucho y aunque lo haya hecho como un cretino, merece consideración..

Sobre el Cielo y la Tierra, 2010

La amargura del anciano es peor que cualquier otra porque no tiene regreso.

Sobre el Cielo y la Tierra, 2010

❦

SOBRE LA VERDAD

Donde está la verdad está la luz, pero no la confundan con el "flash."

Homilía del Arzobispo de Buenos Aires, Cardenal Jorge Mario Bergoglio.
Catedral Metropolitana, Misa por la Educación.
10 de abril de 2002

Cuando realmente se busca la verdad es para hacer el bien.
No se busca la verdad para dividir, enfrentar, agredir, descalificar, desintegrar.

Disertación del señor Arzobispo en ADEPA.
6 de abril de 2006

En una sociedad donde la mentira, el encubrimiento y la hipocresía han hecho perder la confianza básica que permite el vínculo social, ¿qué novedad más revolucionaria que la verdad?

Mensaje del Arzobispo a las Comunidades Educativas.
9 de abril de 2003

Únicamente sobre la "verdad que hace libre" es posible resolver los graves problemas de los pueblos y naciones...

Disertación de clausura del señor Arzobispo en el Congreso
sobre la *Veritatis Splendor.*
25 de septiembre de 2004

La verdad y el bien van siempre acompañados de la belleza.

Disertación del señor Arzobispo en ADEPA.
6 de abril de 2006

La verdad siempre es combativa, pero también es combatida.

Homilía del Arzobispo de Buenos Aires, Cardenal Jorge Mario Bergoglio
Catedral Metropolitana. Misa por la Educación. 10 de abril de 2002

La verdad, el bien y la belleza son inseparables.

Disertación del señor Arzobispo en ADEPA.
6 de abril de 2006

Es muy arduo, en el mundo de lo fácil, creer en la verdad.

Homilía del Arzobispo de Buenos Aires, Cardenal Jorge Mario Bergoglio.
Catedral Metropolitana. Misa por la Educación.
10 de abril de 2002

SOBRE LA VIDA

La vida es invalorable.

The Guardian (Gran Bretaña).
16 de marzo de 2013

SOBRE LA VIDA CATÓLICA

Cuando uno no camina, se detiene. Cuando uno no construye en piedra solida, ¿qué pasa? Ocurre lo que le sucede a los niños que construyen castillos de arena en la playa: todo se viene abajo; es una cosa sin sustancia.

Homilía, Primera Misa Pontifical, 14 de marzo de 2013

Caminar, construir, confesarse. Pero estas cosas no son muy fáciles, porque en caminar, construir y confesarse a veces hay parálisis, porque a veces hay movimientos que no son los propios de una jornada; son movimientos que nos retrasan.

Homilía, Primera Misa Pontifical, 14 de marzo de 2013

SOBRE LA VIDA RELIGIOSA

Con frecuencia sentimos fatiga y cansancio. Nos tienta el espíritu de pereza. También miramos todo lo que hay por hacer, y lo poco que somos.

Mensaje del Arzobispo a los sacerdotes, religiosos/as y fieles laicos de la Arquidiócesis. 25 de febrero de 2004

SOBRE LA VIDA EN EL SIGLO XXI

Es la época del "pensamiento débil".

Homilía del señor Arzobispo en el Te Deum.

25 de mayo de 2004

Curiosamente tenemos más información que nunca
y, sin embargo, no sabemos qué pasa.
Homilía del señor Arzobispo en el Te Deum. 25 de mayo de 2004

SOBRE LA VIRGEN MARÍA

Nuestra Señora, es quien mejor transmite al pueblo fiel la alegría de
esa Palabra que primero la llenó de gozo a ella.
Homilía Dominical en América Latina. 19 de enero de 2005

María es experta en todo esto [escuchar].
Homilía del señor Arzobispo en la Fiesta de San Cayetano.
7 de agosto de 2006

SOBRE SUS VISITAS A LAS PRISIONES

A mí me cuesta horrores ir a una cárcel porque es muy duro lo que
se ve allí. Pero voy, porque el Señor quiere que esté cuerpo a cuerpo
con el necesitado.
Sobre el Cielo y la Tierra, 2010

SOBRE LAS VOCACIONES RELIGIOSAS

La vocación religiosa es una llamada de Dios a un corazón que la
está esperando consciente o inconscientemente.
El Jesuita: Conversaciones con el Cardenal Jorge Bergoglio, S. J., 2010

SOBRE LA VULNERABILIDAD

Porque sólo aquel que se reconoce vulnerable es capaz
de una acción solidaria.

Mensaje del señor Arzobispo a los Catequistas. 21 de agosto de 2003

CRONOLOGÍA

1936

Nace Jorge Mario Bergoglio el 17 de diciembre en Flores, Buenos Aires, Argentina; hijo de Mario José Bergoglio, inmigrante italiano, y Regina María Sivoria, originaria de Argentina.

1954

Bergoglio se gradúa en la escuela secundaria con un título en tecnología química. Trabaja en una empresa por unos cuantos años mientras estudia en un seminario local.

1958

Contrae un caso severo de neumonía. Para salvarle la vida, sus doctores le quitan parte de uno de sus pulmones. Se recupera completamente.

Decide entregarse al sacerdocio. El 11 de marzo se une a los jesuitas como novato. Se traslada a Santiago de Chile para comenzar sus estudios de humanidades.

1960

Recibe su título de filosofía del Colegio de Máximo de San José, en Buenos Aires.

1964

Regresa a Buenos Aires para enseñar literatura y psicología en el Colegio de la Inmaculada y Salvador, puesto que desempeñó pocos años.

1969

Es ordenado sacerdote el 13 de diciembre. Comienza a trabajar en la Facultad de Filosofía y Teología de San Miguel, en Argentina, donde se convierte en profesor de teología y supervisor de aspirantes al sacerdocio.

1973

Hace su juramento final como jesuita el 22 de abril. Además de sus responsabilidades actuales, asume el papel de líder regional de Argentina para la comunidad mundial de los jesuitas, puesto que desempeñó seis años.

1980

Acepta la posición de decano en la Facultad de Filosofía y Teología de San Miguel. Viaja a Alemania, donde observa por primera vez la pintura barroca *Mary Untier of Knots,* de Johann George Melchior Schmidtner. Queda tan impresionado por la imagen que se lleva una copia de la pintura a Buenos Aires.

1992

Recibe la asignatura del obispo auxiliar de Buenos Aires el 27 de junio.

1998

Recibe la asignatura del arzobispo de Buenos Aires el 28 de febrero.

2001

Recibe la asignatura del cardenal de la Iglesia católica por el Papa Juan Pablo II.

2005

Se desempeña como presidente de la Conferencia Episcopal de Argentina hasta 2011.

Se reúne el cónclave para seleccionar al próximo Papa, después del fallecimiento de Juan Pablo II. Se comenta que Bergoglio quedó en segundo lugar; el cónclave eligió al cardenal Joseph Ratzinger, originario de Alemania, como Benedicto XVI.

2013

El cónclave nombra a Jorge Mario Bergoglio como Papa de la Iglesia católica cuando Benedicto XVI deja su puesto, por edad avanzada.

Sobre las compiladoras

Julie Schwietert Collazo es escritora, editora, investigadora y traductora que pasa su tiempo entre Nueva York, Puerto Rico y la Ciudad de México. Tiene una especialidad en Inglés y Estudios sobre Mujeres, una maestría en Servicio Social y un doctorado en Literatura en el Centro de Estudios Avanzados de Puerto Rico y el Caribe.

Lisa Rogak es autora de más de cuarenta libros sobre una gran variedad de temas, desde la cultura popular hasta los perros. Ha aparecido en las listas de los libros más vendidos del *New York Times*. También ha escrito biografías, incluyendo la de Stephen King, Shel Silverstein, Dan Brown, Dr. Robert Atkins, Stephen Colbert y otros. Vive en la zona de la bahía, en el norte de California.

Su *website* es: www.lisarogak.com

Índice

Este ejemplar se terminó de imprimir en Junio de 2013,
En Impresiones en Offset Max S.A. de C.V.
Catarroja 443 Int. 9 Col. Ma. Esther Zuno de Echeverría
Iztapalapa, C.P. 09860, México, D.F.